Im Herzen Terzen

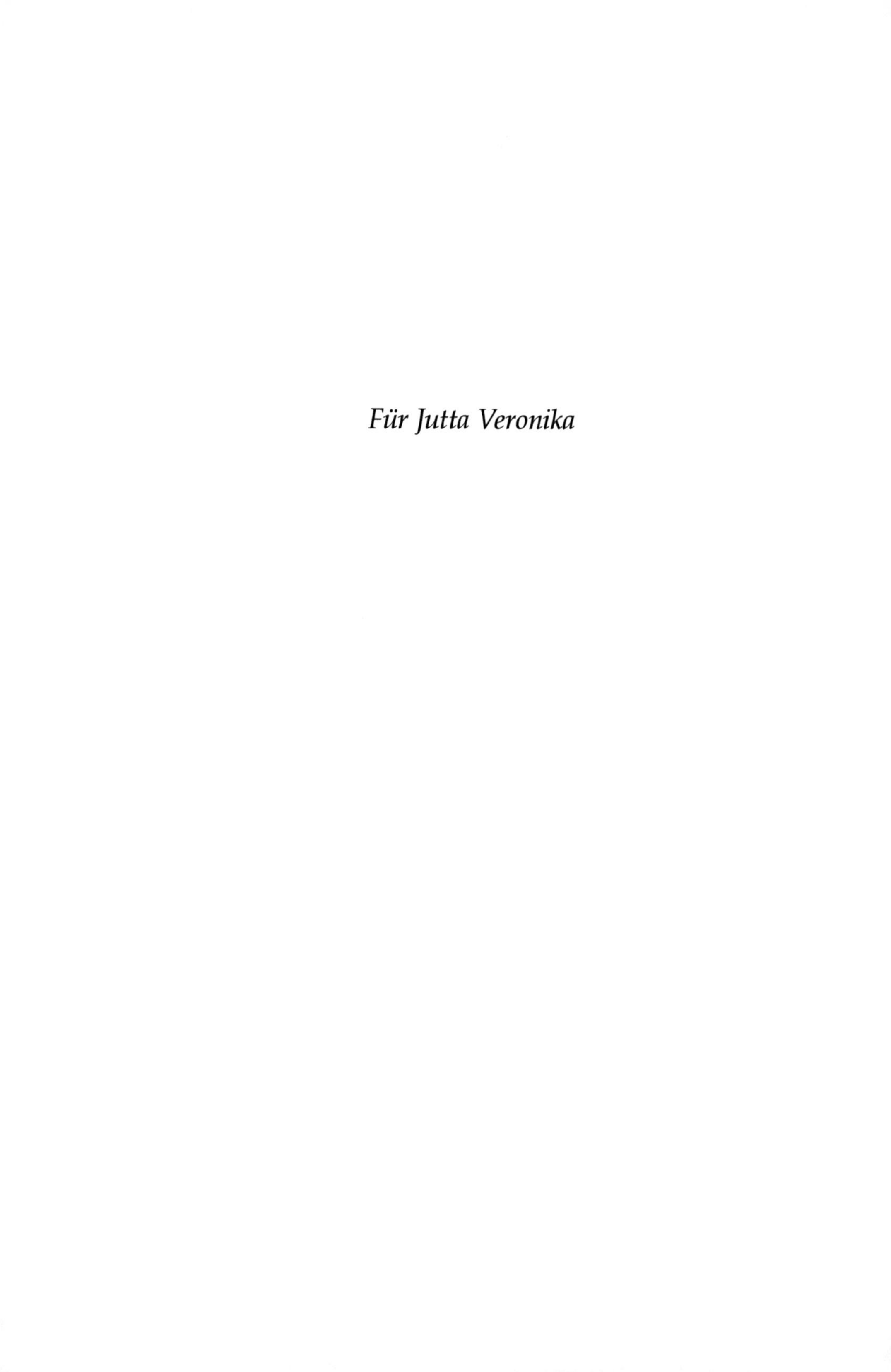

Für Jutta Veronika

Im Herzen Terzen

Gedichte von Alexander Adelaine

Herstellung und Verlag: Books on Demand GmbH, Norderstedt
ISBN 3-8334-0469-8

Inhalt

Vorwort

Mein Gott – Lyrik! Ich mach mir meine Lyrik selber. Lyrik kann doch jeder, der lesen und schreiben kann. Was geht mich der private Seelenkrampf eines fremden Menschen an, und bezahlen soll ich das auch noch. Die ganze Gattung ist durchaus zweifelhaft, gibt keine Info her und keine Unterhaltung und stiehlt mir nur die Zeit. Lyrik ist das von Goethe bis Rilke, tut mir leid, betrifft mich nicht. Warum also trotzdem Lyrik? Warum trotzdem Kinder kriegen in dieser lausigen Zeit? Weil sie eine Chance sind, die Zeit etwas weniger lausig zu machen? Auch, natürlich, auch deshalb, das wäre ja nicht der schlechteste Grund. Aber Kinder kommen einfach, der Storch bringt sie einfach. Dass sie geplant oder billigend in Kauf genommen werden, ist pure Selbsttäuschung. Das Leben bringt sie, der ewige Springbrunnen, die große Kraft oder wie Sie es nennen wollen; Herr und Frau Müller sind dabei ganz gleichgültig. Frau Müller wird nicht gefragt, ob sie Nächte mit Füttern und Wickeln verbringen will. Herr Müller wird nicht gefragt, ob er sich an seinem halbflüggen Sohn die Nase blutig schlagen will. Also das Gedicht als Naturereignis? Auch das. Aber nun zur Sache: ich meine vor allem das Gedicht als Verdichtung und Verdeutlichung, als Deutung. Dieses ständige Gefühl des Schwätzens, immer noch zu reden statt zu sagen, es noch knapper, noch dichter, nur an-deutend und doch zugleich deut-licher sagen zu müssen... ja, das ist es. Das klingt nicht nur nach Widerspruch, das ist einer. Sagen müssen, aber nur nicht zu sehr. Ein Mittel benutzen, ein Vehikel, ein Gleichnis. Die Stimmung mit herüber bringen, die Farbe, die Musik, den Geruch, dieses Sinnliche, beinahe Körperliche, blabla, ich gerate ins Schwärmen. Zugleich Knappheit bis zur Formel, Stilisierung bis zum Zeichen und Symbol, bis zur fernöstlichen Tusch-Gebärde, Dichte bis zum Heraustropfen. Das kann keine Erzählung und kein Schauspiel, das kann nur ein Gedicht, ein Haiku, vielleicht noch ein Lied. Ein Gedicht ist ein unglaublich sensibles Ding, dem man jede Regung, auch jede Falschheit, sofort ansieht. Keine andere Literaturform ist so dünnhäutig, so seismographisch, so fein ansprechend. Als hätten Sie ein Silberglöckchen statt einer Orgel (nichts gegen Orgeln). Um im Osten zu bleiben: nicht der Mond, sondern der Finger, der auf den Mond deutet. Nicht das Gedicht muss gedeutet werden (ein Graus aus meiner Schülerzeit), sondern das Gedicht deutet selbst, deutet Vordergründiges zu Hintersinn, Oberflächliches zu Tiefem, schillernden Schein zu Sinn und Sein, Gegenwärtiges zu Zeitlosem, Tanz zu ewiger Musik, ohne die Leichtigkeit und «Leere» und Anmut zu verlieren. Deutet oder macht transparent. Das ist kein Gestikulieren und Graben, sondern bloßes Anschauen und Einschmelzen. Das ist ein verteufelt hoher Anspruch, dem Gedichte (auch meine) nur selten gerecht werden. Deuten und beschwören. Beschwören und bezaubern. Bezaubern und magisch beleuchten. Zauber und Leben in die dröge Alltäglichkeit jagen, nein, in ihr entzünden.

Aber hier wurde gemogelt. Wir wissen jetzt, warum der Autor überhaupt und warum er ausgerechnet Gedichte schreibt, aber noch nicht, was den Leser das kratzt. Ich sage «kratzt», denn darum geht es. Ich bitte den Leser, sich «kratzen», sich ein Stück weit aufreißen zu lassen, vielleicht auch Kruste und Hornhaut und Schwielen auf der Seele. Wer Erbauung sucht, kann weiter bei Goethe nachlesen. Wer sich kratzen lassen will, für den ist Heine besser oder Brecht. Das ist keine Eiferei und Anmaßung, sondern eine Zumutung. Ich mute Ihnen zu, sich berühren, betreffen, treffen zu lassen. Ich mute Ihnen auch zu, sich noch einmal auf so etwas Großväterliches wie gereimte Gedichte einzulassen. Ich meine, mit der Reimerei ist noch lange nicht Schluss. Wer tanzen will, der wählt sich Strauß und nicht Strawinski. Die Beliebigkeit in der modernen Kunst übersieht die gar nicht beliebigen, sondern höchst wirklichen Archetypen und Grundmuster der menschlichen Seele. Befreiung des Ego ist noch lange nicht Befreiung des Lebens, eher im Gegenteil. Ohne Reim und Rhythmus ist ein Gedicht tot oder verkappte Prosa. Ich mute Ihnen also zu, in einen Laden zu gehen und sich kratzen zu lassen. Aber das ist schamlos übertrieben: die meisten meiner Gedichte kratzen nicht, sondern kraulen nur. Das ist anerzogene Höflichkeit; ich bitte Sie, sich trotzdem gekratzt zu fühlen.

Noch ein paar Worte zur Sprache: Geschriebene Sprache wächst aus Buchstaben, Buchstaben entstanden z.B. aus Runen, «Runen» hat zu tun mit Raunen. Also ist (gedichtete) Sprache Gerauntes, unter vorgehaltener Hand Gemurmeltes, Halbgesagtes, Geahntes, Geträumtes,

Gezaubertes. Nicht der Sinn macht ein Gedicht, sondern der Zauber. Der Zauber liegt im Buchstaben, nicht im Wort. Daher Stammeln und Stabreim. Romantische Ironie beim Verfremden von Worten. Ich sage nicht, dass meine Gedichte so sind. Aber ich hätte sie gern so. Überhaupt Romantik – ist Ihnen schon aufgefallen, dass die Jahrhunderte gern mit einer Romantik beginnen? Es wäre wieder eine fällig!

Wenn wir uns nun schon auf Poetik eingelassen haben, auch noch etwas zur Verständlichkeit. Seit einiger Zeit ist alles, was verständlich ist, zugleich verdächtig. Verdächtig, Wiederholung und langweilig zu sein. Das fing mit Rilke schon an (bei ihm ist es noch Tiefe), Hölderlin lassen wir mal beiseite. Verständlichkeit ist verstaubt, ist Massengeschmack, und wer will schon Masse sein. Aber was ist ein Kunstwerk, das nicht Resonanz erzeugt, zum Mitschwingen auffordert? Verständlichkeit ist Aufforderung zum Tanz. Womit wir wieder beim Rhythmus wären. Das dümmste Dada-Gedicht kann in diesem Sinne verständlich sein, wenn es einen mitreißenden Rhythmus hat. Ohne Musik ist alles nichts, die Musik nicht, die Malerei nicht, die Dichterei nicht. Aber es darf und soll dunkle und geheimnisvolle Gedichte geben, wenn sie irgendwie immer noch verständlich sind; die Leser-Seele ist ja sensibel und ahnt die Tiefe, auch wo die Worte nicht mehr fassbar sind. Und auch und gerade das Ahnen ist höheres oder tieferes Verstehen. Aber es muss jedem möglich sein, nicht nur dem Autor. Verständlichkeit ist allgemeine Zugänglichkeit. Sonst haben wir nur ein Tagebuch vor uns und Selbstverliebtheit, oder, noch schlimmer, Täuschung. Nehmen Sie dieses als Entschuldigung dafür, dass meine Gedichte verständlich sind.

Zur Form habe ich ja schon einiges gesagt. Alles was keine Ballade ist und als Form erkennbar ist und einen Bezug zum Inhalt hat, ist gut. Die traditionelle Gedicht-, Strophen- und Versform hat ihren Sinn und sollte nicht leichtfertig aufgegeben werden. Überall lauert die Prosa. Ich wiederhole mich, lassen wir's gut sein.

Bei all dem Geschwätz ist die Hauptsache ungesagt geblieben, erraten Sie, welche? Kennen Sie dieses Ziehen im Bauch, wenn abends die Amsel singt? Aber was ist die Amsel gegen die Drossel! Wenn es Ihnen den Boden unter den Füßen wegzieht und Sie japsen vor ich weiß nicht was? Wenn Sie im Meer stehen, und eine himmelhohe Woge überrollt Sie? Wenn Sie alt sind, und die Woge ist zum Plätschern geworden, und Sie sind schon froh, wenn es Ihnen noch immer den Brustkorb hebt und senkt und hebt und senkt... Ich sage nichts weiter. Gehen Sie an einem Mai-Morgen in einen Buchenwald, Sie wissen schon. Das schönste Gedicht hat keine Worte mehr. Das schönste Gedicht ist die Wirklichkeit.

Kleine Bitte noch: Lesen Sie ein Gedicht mehrmals, bevor Sie weiterblättern. Es ist wie beim Essen: der Geschmack muss erst «kommen».

Im Mai 2003   Der Autor

Januar

Ein neues Jahr –
und wieder locken Licht und Schnee
und übermütig blauer Himmel,
noch einmal mitzutun im Weltgewimmel.
Und wieder werden Lust und Weh
ein treues Paar.

Im Eise kracht
dein Schritt, die weiße Weite schweigt.
Und in dir brennen Glut und Feuer.
Der Tag vergeht, und aus den Tälern steigt
die Ewigkeit, so tief und ungeheuer.
Und über allen Wirren weise wacht
die leise Nacht.

Ein neues Los

Wie war der Weihnachtsjubel groß
und liegt so weit zurück!
Ein neues Jahr, ein neues Los,
ein neues Spielerglück!

Die Dame einen Teddybär,
der Herr `ne Märchenfee?
Und einen Affen, bitte sehr,
und Kälte, Eis und Schnee!

Wer keck den Hut in den Nacken schiebt,
der hat die freie Wahl.
Herrschaften, einfach drauflos geliebt
in diesem Jammertal!

Im Laub

Die Sonne scheint, ein Windchen weht,

im Regen glänzt das Winterbeet,

Schneeglöckchen duften an den Wegen.

Die steck nur nicht gleich in die Vase –

hast du mit deiner hohen Nase

schon mal so tief im Laub gelegen?

Februar

Tastendes Erwachen
aus schwerer Winterstund.
Gelbe Kätzchen lachen
vor schwarzem Hintergrund.

Silbern wie der Morgen
soll deine Seele sein.
Die altgewordenen Sorgen
zergehn im Sonnenschein.

Nebel licht wie Seide
löst alles Harte auf.
Silbern wie die Weide
sei deiner Tage Lauf.

März

Ein Krokus blüht,
dahinter steht
ein Rosenkohl
im Winterbeet.

Der Krokus wird
mit aller Pracht
vom Zeitungsre-
dakteur bedacht.

Der Kohl ist nur
um eine Spur
ergrünter als zuvur.

April

Unten bei den Dingen sein,

wo sie nass und neu sind.

Aufgerissen vom Sturm wie Wolkenjagd,

wie Weidengestöber.

Noch einmal roh und blutig

der Liebe hingerissen,

den Regen trinken,

den wilden Bach,

den tiefen See unterm morschen Gesträuch.

Die Schatten schauen

unter den Buchen,

Erde riechen und nasses Kraut,

Leben schmecken

und fühlen, fühlen!!!

April

Die kleinen naseweisen Birkenmädchen
hats heut wieder zugeschneit.
Da stehn sie betroffen
und tief gebeugt,
mit schwerem Silberschmuck auf dem hellgrünen
Kleid.

Wer hat dich liebes kleines Ding
so jung so schwer beladen?
Schon trugst du den Verlobungsring,
jetzt trägst du großen Schaden.

Herrgott, lass Sonne und Sommer werden,
ein wenig Liebe zum Leben!
Und alle verschneiten Seelen
und alle verschmähte Anmut
heb nah an dein Herz!

April

Schnee auf blühenden Zweigen,

Eis auf grünendem Ast,

im Stamme donnerndes Schweigen,

bebend in Holz gefasst.

Alles ist reiches Leben,

trotz Sorge, Mühe und Last,

wenn du nur Donnern und Beben

in deinem Herzen hast.

Das Morgenhuhn

Es grünt der Tag,

gib deine Sorgen nun

dem Morgenhuhn –

das wird darüber Klag' um Klag'

dem Herrn der Welten unterbreiten,

und du kannst ledig fürbass schreiten.

Frühling in Bayern

Kargebirge weiß und grau,
leuchtend bunte Auen.
Oben Himmel himmelblau,
unten schöne Frauen.

Rot die Lippen, Augen klar,
frisch gestärkte Blusen.
Oben weiße Wolkenschar,
unten weiße Busen.

Schöne Ausgelassenheit
in geschnitzten Stuben.
Oben lauter Herrlichkeit,
unten laute Buben.

Am Malerwinkel

Wenn ich von rechts am Tegernsee
nach links bis Rottach-Egern seh',
dann spiegelt sich in jeder Pfütze
der Wallberg mit der Wintermütze.

Gelb-golden ist im Sonnenglüh'n
das Wasser hier, dahinten grün,
und ferner ist es dunkelblau,
am Ende wird es ungenau.

Der Kirchturm leuchtet gelb und mild,
ein Entchen wackelt durch das Bild.
Und weiß-blau zieht die „Rottach-Egern"
von Egern nach dem Schloss von Tegern.

Da möcht' ich all' die Süßigkeiten
in meine Hosentasche stecken,
um irgendwann, in harten Zeiten,
nochmal verstohlen dran zu lecken.

Mai

Dass Grün so grün, Blau so blau

sein kann, dass Farben leuchten,

dass Mädchenwangen rosa

und Frauenaugen schwarz sind,

dass Tulpen so brennen können

und Stiefmütterchen so violett taumeln,

das hat die neue Sonne

an die Wände deiner Höhle dir gemalt,

das nimm in dich hinein und komm,

komm hier hinaus ins Freie,

dehn dich, öffne jetzt die Augen,

nimm deine größere und schönere Wohnung ein,

atme tief und lebe!

Mai

Nun wohnst du wieder neu,
hast schöne Matten ausgelegt
und bunte Decken an den Wänden.
Wohlig wohnst du wieder
in deinen Kissen
zuhause bei dir.

Lächelnd umfängt dich
Hellgrün der Birken und Buchen,
Traumweiß der Kirschbaumkinder,
Schatten im Gras am Lattenzaun.
Glänzender Nebel verschmilzt
und verschmeichelt dir alles –
Mutter, in deine Arme!

Mai

Wipfel wieder schwer sich schwingen,
Welt ertrinkt in Grün und Regen,
Freiheit duftet von den Wegen,
wilder Sommer will dir wieder singen.

Taubes Herz, wach auf und lausche
Lerchenliedern, Sturmgesängen,
Strömen, die das Spröde sprengen,
toter Brunnen, taue auf und rausche!

Ach, ich muss vor allen Dingen
wieder in der Wiese liegen,
Träume wiegen, Bäume biegen,
wie die Wipfel wieder schwer sich schwingen!

Hin rast das Jahr

Hin rast das Jahr.
Magnolienblüten wehen nieder,
Kastanien flammen noch, und Flieder
blüht wunderbar.

Wo will das hin?
Die Lenze und die Sommer kreisen
mit Fieberhast in ihren Gleisen
und ohne Sinn.

Vergissmeinnicht
hebt sein Gesicht
ins Himmelslicht,
mehr weiß es nicht.

Sommer

Ein kleiner See mit Entchen drauf
und grüner Entengrütze
und ein Insekt im Zickzacklauf
auf stillvergnügter Pfütze.

Ein bisschen Duft, ein bisschen Dreck,
ein bisschen gute Laune –
ich lebe wie die Maus im Speck
und liege still und staune ...

Juni

Das wilde Gebären
schon wieder vorbei.
Wenn wir nun stille wären
nach so einem Mai!

Wenn wir nun stille lägen
im dunklen Grün
mit unserm Erwägen,
mit unserm Bemühn!

Kühl und bescheiden
und schlank wie das Gras
und erlöst wie die Weiden,
wie gut wäre das!

Juni

Die Zeit vergeht, die Jahre rasen,

die Buchen sind schon wieder voller Staub.

Nun halte unsere Hände fest zusammen,

du rätselhafter Gott, das Nichts ist uns so fremd!

Juni

Die Straße schläft. Vom Park herüber
weht Sommerduft voll Schwere und voll Süße.
Ein Rosenblütenblattgestüber
legt sich auf Staub und müde Füße.

So jung das Jahr und schon so ausgetreten,
die Seele suchend noch und schon so matt.
Unendlich strömt die Liebe von den Beeten,
und träge tropft die Lust von jedem Blatt.

Die Straße schläft, die Hecken schweigen,
dein Leben schaut dich an mit hundert Augen.
Denn du sollst hier nicht bleiben, sondern zeigen,
wofür dir diese Wunder taugen.

Kinderzeit

Ich liege still im grünen Gras
und träume, dass mich Wellen trügen,
und sinke tief ins kühle Nass
und schlürfe Schlaf in vollen Zügen.

Es ist ja nicht der Kinderort,
nach dem ich riefe und riefe.
Es ist der geborgene Seelenhort,
es ist das geraunte Mutterwort,
es ist die Tiefe, die Tiefe!

Es ist ja nicht die Kinderzeit,
nach der ich glühe und glühe –
es ist die Freiheit und Fröhlichkeit,
es ist die verlorene Ewigkeit,
es ist die Frühe, die Frühe!

Kein Zeichen

Die Sommerluft flimmert
über Stein und Sand.
Im Sonnenschein schimmert
das weite Land.

In blaugrauen Fernen
Abend vergeh.
Kommt bunte Laternen
am spiegelnden See.

Kein großes Empfinden,
kein wildes Verlangen,
nur das Duften der Linden
und das Schmiegen der Wangen.

Am Himmel kein Zeichen,
keine Schrift an der Wand,
nur der Druck einer weichen,
liebenden Hand.

Am Deich

Der Himmel ist blau, die Wiese glänzt,
ein Flugzeug brummt darüber.
Ich liege am Deich, von Gräsern umkränzt,
und träume, je länger je lieber.

Ist das nun das Leben, ist das nun das Glück?
Ja ja, aber schweig nur stille.
Du hast ja in jedem Augenblick
alles Gute in Hülle und Fülle.

Der Himmel ist blau, das Nichts ist weit,
eine Möwe blitzt auf und vorüber.
Ich liege in all der Unendlichkeit
und träume, je länger je lieber.

Innen

Ein Hauch von Glück
auf deinen Wangen —
nun blüht es auf,
nun ist es vergangen.

Wo kam es her,
wo ist es geblieben?
Schmetterling ist
vorübergetrieben.

Was ist der Sinn
von all dem Sinnen?
Wo gehen wir hin?
Immer nach innen.

Am Bodensee

Grau sind See und Uferspur,
die Steine hier, die Berge drüben,
im Westen etwas Rosa nur,
und oben ist noch blasses Blau geblieben.

Da bringt der Nachtwind Seegeruch
und Plätschern von den letzten Booten.
Das Wasser regt sich wie ein Tuch,
der Tag schließt leis' sein Bilderbuch,
und Traum entsteigt dem Wein, dem dunkelroten ...

An diesen Tagen

Ach ja, wie der Wind weht,
wie die Wellen schlagen,
wie die Sonne im Süden steht
an diesen Sommertagen!

Lieben und leben,
leben und lieben –
Zittern und Beben
an den Himmel geschrieben!

Sommer

Dass das alles wieder da ist,
immer und immer noch einmal:
Sonnenglut und Staub der Wege,
Schwirren der Fliegen,

duftendes trockenes Gras,
rotleuchtender Fingerhut im Walddunkel.
Dass das immer wieder kommt,
sich warm und vertraut ans Herz legt!

Juli

Wie der Wind die Bäume bauscht,
wie der Regen durch die Räume rauscht!
Tiefe Ruh und trautes Raunen,
atemlos am Fenster stehn und staunen.

Wie die Nacht die Sterne tauscht,
wie die Sehnsucht in die Ferne lauscht!
Sommerlust und Sommerlaunen –
dunkel blühn die Dahlien schon, die braunen.

Juli

Nüchtern und kühl,
Wolkengewühl.
Regen im Gras
macht die Seele nass.

Macht die Flügel schwer,
fliegt kein Vogel mehr.
Traute Traurigkeit,
kenn dich allezeit.

Jahr schon spät,
Leben vergeht.
Leere so lind
wie Wolken und Wind.

Fremdenverkehr

Am Bahndamm steht ein Glockenblum,

ganz ohne Ruhm und Heldentum.

Kein Bahnhof ist in der Region,

kein Berghotel mit Vollpension.

Wer mich begehrt, der fährt nicht weit,

spricht er und ist voll Zärtlichkeit.

Die kleine Liese rupft den Blum

mit Liebe und mit Ungestum.

Jugend

Und es waren Lieder wieder
in dem Hain mit dunklen Wegen.
Von den Villen brachte Regen
sie ins schwere Laub hernieder.

Wie aus unbestimmten Fernen
hinter nächtlich stillen Weiden
zogen Geigentöne seiden
ins Geflirr der Parklaternen.

Und den Rätseln, die ihn trafen,
gab er sich mit Zittern hin.
Tiefes Violett und Grün
senkten in des Sommers Wehen
Schmerz und träumendes Vergehen,
Lächeln und ein wenig Schlafen.

Sommer

Glockenblumenzeit.

Weites Land unter hohem Himmel,

Duft der Unendlichkeit.

Die alten Gefühle

passen vorn und hinten nicht mehr.

Was ist Liebe,

die gestern war?

Zerstörtes Land, trauernde Wälder,

lieber Mensch, nur noch

ferne Erinnerung.

Lebe ich noch?

Glockenblumenzeit!

Mich friert -

Im Zug

Glockengeblümt
und unberühmt
und von ewiger Dauer:
die Eisenbahnmauer.

Auf braun-grünem Schimmel
ein Blau wie der Himmel,
wie Geigen und Celli
von Bach und Corelli.

Zweimal gerattert
und zweimal gepfiffen,
zweimal Unsterblichkeit,
alles inbegriffen.

Viel zu viel

Kleiner, blonder Mauseschwanz
mit dem Flohmarkt-Ständchen,
fünfzig Pfennig gab ich dir
in dein rosa Händchen.

Strahlte auf das Silberstück,
strahlte dein Gesichtchen,
und in deinem Kinderblick
hüpften kleine Lichtchen.

Schelmerei und Zärtlichkeit
hab ich da gelesen,
das ist für die halbe Mark
viel zu viel gewesen.

Zu spät

Sieh mal, Ingelchen,
liebes Dingelchen,
ich kann dir doch nicht erzählen,
wie deine Augen mich quälen,
was dein Narzissenangesicht
in meinem Kissen angericht'.

Ich seh' dein Haar im Abendwind,
ich seh' deine weichen Lippen, die sind
eine duftende Rosenblüte.
Ich rühre dich an mit keinem Wort,
ich trinke dein Bild in einem fort
mit meinem losen Gemüte.

August

Die Sommerabendsonne soll
dir sachte Gram und Sorge
aus den Händen nehmen.
Nimm dafür beide Hände voll
vom Rot der Astern und vom
Gold der Chrysanthemen.

Vom Rausch der Wicken nimm und der Violen,
vom Süß der Beeren und vom Laub der Trauben,
vom glühenden Gefühl der Gladiolen,
vom Duft der Wege und vom Traum der Lauben.

Was schert dich Krumm und Gerad
und ob du recht getan,
das Leben liegt vor dir, auch wenn du alt an Jahren.
Lass Herbst und Winter heute fröhlich fahren
und nimm die Sommerabendsonne an.

Sommer

Du kannst ganz ruhig sein,
du bist so weich umfangen.
Der Sonne Licht, der Liebe Schein
umschmeicheln deine Wangen.

Ein warmer Frauenblick
wacht über deine Tage.
Ein zartes Kraulen im Genick
besänftigt deine Klage.

Im Garten ist der Mohn
ein liebestolles Wunder.
Die Kürbisköpfe werden schon
mit jedem Tage runder.

Und liegt der Sternenschein
auf deinen nassen Wangen:
du musst nun aber ruhig sein,
du bist so weich umfangen!

Nicht Nelken

Nicht Nelken verderben –
der Sommer verweht.
Nicht Menschen sterben –
die Zeit vergeht.

Nicht Rosen verblühen –
das Jahr geht zuend'.
Nicht Herzen verglühen –
die Liebe verbrennt.

September

Heidelbeere, Heckenrose,
rotes Laub im Rebenhang,
Heidekraut und Herbstzeitlose,
Lieben und Sehnen ein Leben lang.

Nie ist Sehen so voll Flehen,
Schönheit so voll Überschwang,
Glück so glühend, Blick so bang
wie im Ahnen von Vergehen.

Seifenkraut und Skabiose,
toller Tanz und dumpfer Drang,
Apfelgold und Aprikose,
Sang und Klang und Untergang.

Herbst

Draußen im Rauschewald
bin ich wieder gegangen,
hab die brausende Nacht
mit den Händen gefangen.

Draußen im Rauschewald
hab ich wieder gesessen,
hab den herrlichen Sturm
mit den Zähnen gegessen.

Draußen im Rauschewald
hab ich wieder gelegen,
mit dem Rücken im Laub
und der Nase im Regen.

Mit den Füßen im Schlamm
und dem Mond auf den Wangen:
draußen im Rauschewald
bin ich wieder gegangen.

Herbstwald

Sonne und Sand
haben sie noch gelassen,
moosige Felsenwand,
zart anzufassen.

Im taumelnden Laub,
bei den schmeichelnden Eicheln
die Steine, den Staub
und das Heidekraut streicheln.

Nicht kämpfen, nicht siegen,
nicht fluchen, nicht schwören,
einfach hier liegen
und der Zeit zuhören.

Waldfahrt

Sie fahren munter wie ehedem,
mit und ohne Katalysator,
unter und über achtzig ka em ha,
durch den Wald, durch den Wald.

Wo stirbt hier wer oder was?
Romantische Spinner, ist doch alles grün!
Verdammte Kanaldeckel.
Emmi will noch Kapern für den Kartoffelsalat.

Man muss das mal n bisschen locker sehen:
Nitrat und Schwefelsäure sind auch Natur.
Wald! Hör mir doch auf mit Wald!
Emmi sagt beeil dich, Bergengrüns kommen zum
Bridge.

Jetzt will ich dir mal was sagen:
mir persönlich reicht unser Gummibaum,
mehr ist eben nicht mehr zeitgemäß.
Weihnachtsbaum?
Unser Weihnachtsbaum ist ne Palme auf Mallorca.

Oktober

Manchmal

lässt du deinen Kram fallen

und schaust aus dem Fenster

und sagst

warte doch mal.

Draußen sind

die Bäume gelb

und der Himmel blau

und die Mädchen so weich.

Und in dir

fällt goldener Regen

wie Honig.

So still die Nacht

So still die Nacht,
so still das Haus.
Im Garten gehen
die Lichter aus.

Die dunkle Geige
ist nun verstummt.
Die Bäume haben
sich eingemummt.

Der Kiesweg liegt
im Mondscheinflirren.
Ein Schritt, ein letztes
Gläserklirren.

Die letzte Tür
geht leise zu.
Noch eine Stimme:
Nun gute Ruh!

So still die Nacht,
so still der Tann.
Am Himmel gehen
die Lichter an.

Brombeerranke

Brombeerranke,

kleiner Herbstgedanke!

Wissendes Schweigen,

stilles Sich-Neigen,

mit Anmut ergeben

in Lieben und Leben.

Nest

Ich hab mir ein Nest gebaut
im Walde drinnen,
aus Blättern und Heidekraut,
zum Sehnen und Sinnen.

Drein hab ich ein Licht gestellt
zum Lieben und Laben,
nun kann mich die ganze Welt
mal gerne haben.

November

Die Wicken blühen noch, die spät gesäten,
die Rosenbüsche wollen nicht ermüden.
Und auf den winterfest gemachten Beeten
liegt milder Sonnenschein von Süden.

Am Abend aber glühen die Laternen
und Kinderwangen und Gesang der Frauen.
Und leise Lieder steigen zu den Sternen
vom Lieben und vom Sich-Vertrauen.

Doch in der Nacht ist schon Orion König,
und in den Wiesen ist ein kaltes Wehen.
In deinem Kleidchen zitterst du ein wenig,
wir wollen still nach Hause gehen.

November

Der Himmel schwelgt
in Nebelschauern,
der schöne Wald ist ganz verdorrt,
steht sprachlos kalt und welkt.
Im Winde dauern
die nassen Zweige leblos fort.

Ich stehe in der Bäume Kreise
und bin ein Baum
und bin und bin –
die Zeit tropft leise
durch die gelben
Halme hin.

November

Schöne stille Zeit
voll Geborgenheit
und voll Glut und Leben.
Luft ist dämmergrau,
duftet ungenau
nach verbrannten Reben.

Schöne milde Zeit
voll Gelassenheit
und verhaltner Stunden.
Laub ist abgeräumt,
Sehnsucht ausgeträumt,
Wollen überwunden.

Schöne tiefe Zeit
voll Besinnlichkeit
und Gebet der Frommen.
Traumverlorner Tag,
ferner Glockenschlag,
Abend will schon kommen.

November

Traurig-schönste Zeit des Jahres!
Tröstend zueinander finden
Traumverhülltes, Offenbares
hinter dämmernden Gardinen.

Immer im November war es,
abendlich beim Lichtanzünden,
dass uns aus dem Dunkeln Klares,
Wunderbares ist erschienen.

Ursprungstunde aller Seelen,
aller Heilgen Heimatland!
Heimlich holt aus goldnen Höhlen
Welt ihr neues Taggewand.

Bei den Weiden am See

Bei den Weiden am See stehn die Mauern so schief.
Bei den Weiden am See stehn Hagebutten so rot.
Bei den Weiden am See rauscht der Regen so tief
in die Mauern, so schief und so tot.

Wo soll ich hin, wo kann ich gehn?
Wo kann ich sagen die Not?
Und die Wolken sind stumm, und die Blätter
verwehn,
und die Beeren leuchten so rot.

Will nicht mehr kämpfen, will nicht mehr fragen,
will nicht mehr Liebe und Sinn.
Will einfach diese Tage noch tragen,
die ich am Leben bin.

Schlaflos

Hör nur, wie der Wind weht

in den Fichtenzweigen,

wie die Nacht ums Haus geht,

wie die Stimmen schweigen.

Wie die Stunden rinnen,

wie die Zeit vergeht.

Lass dein trübes Sinnen,

hör nur, wie der Wind weht!

Regen

Lass das Rauschen und das Rinnen

drinnen so wie draußen sein.

Lass das Lauschen und das Sinnen,

wein ein wenig und schlaf ein.

Was ist die Zeit?

Was ist die Zeit?
Ein Haus, aus dem die Menschen fortgezogen,
die Leiter steht noch an den Stall gelehnt.

Armseligkeit
hat jugendlichen hohen Mut betrogen,
und heiße Kinderliebe hat sich ausgesehnt.

Vergangenheit -
ein Weg, von dem das Morgenrot verflogen,
der leer und stumm sich in die Heide dehnt.

Dezember

Was ist die Zeit?
Ein Fenster ohne freundliche Gardinen,
ein Auge ohne Blick, ein See in dunkler Nacht.

Ach, ich bin weit
ins Feld gegangen auf verirrten Schienen,
zuhause hat man schon die Türen zugemacht.

Der Baum

Hart geht heute der Wind
über die losen Bretter
grauer Scheune am Felsenrand.
Knarrende Sparren sind
aus Türen gerissen, im Winterwetter
erstarrt das Land.

Der Baum, von dessen schwarzen Zweigen
der Sturm die braunen Blätter blies,
ist Schweigen, nur sich selbst zueigen,
und zu des Zaunes Spitzen neigen
gebrochene Äste sich, im Kies
sind dünne Striche hingestreut.

Der Baum steht in der Dunkelheit
am Zaun, an blinden Fensterscheiben,
ein tiefes Bild: Es ist vollbracht!
So wird er eine Weile bleiben,
so wird er grüne Blätter treiben
und weiße Blüten in der Nacht ...

Winter

Der Wind der pfeift im Dachgebälk,
vorm Fenster stehen die Weiden so welk,
im kalten Kamin ist noch etwas Glut,
hab ich noch Sehnsucht, ist alles gut.

Das Regenrohr rauscht von Stund zu Stund,
das Reden vom Wolf geht von Mund zu Mund.
Zu Sternen stöhnt sein kochendes Blut -
hab ich noch Sehnsucht, ist alles gut.

Das Käuzchen klagt in der tiefen Nacht,
der jagende Sturm hat mich wild gemacht.
Ich greife vom Haken den alten Hut,
hab ich nur Sehnsucht, ist alles gut.

Winter

Leise, wie hingeträumt,

ist Schnee gefallen.

Zweige, silbergesäumt,

glitzern kristallen.

Weich bin ich eingetaucht

in liebendes Lallen.

Heimlich, wie hingehaucht,

ist Schnee gefallen.

Silvester-Spaziergang

Es war doch noch ganz gut,
das alte Jahr,
die liebe Zahl war so vertraut.
Nun wird es wie ein Hut,
der nicht mehr nach der Mode war,
im Kleiderschrank der Zeit verstaut.

Ich will nochmal zurück,
wenn Sie die Güte hätten!
Komm, treuer Filzgesell,
wir wollen nur noch schnell
vom alten Schlendrian ein Stück
in die neue Zeit hinüber retten!

Zwischenbilanz

Es ging nicht gerad und es ging nicht geschwind,
und es ging nur mit Seufzen und Sorgen,
dass ich mein Heim hab, meine Frau und mein Kind
und die Brötchen am Samstagmorgen.

Ich bin nicht reich und mir fehlt's nicht an Geld,
ich bin nicht alt und nicht jung,
und ich hab vor der hochverehrten Welt
meine Daseinsberechtigung.

Doch manchmal des Nachts in der Dunkelheit,
da seh ich das Wipfelwiegen
und die wandernden Wolken der Kinderzeit
und kann nicht mehr stille liegen.

Das große Rad

Das große Rad geht immer rundherum,
man wird davon nicht jünger und nicht schöner.
Am Anfang jubeln wir, dann sind wir stumm,
erst sind wir Könige, dann Tagelöhner.

Wer da kein Märchenschloss im Hinterhalt,
kein Sternenkleid, kein Krönchen von Narzissen
in seiner Truhe hat, dem ist alsbald
sein ganzer Staat zerrissen und zerschlissen.

Gegenwart

All Raum und Zeit,
all Wert und Wirklichkeit
sind schon in dir,
du musst nicht hoffen oder sorgen.

All Sein und Sinn
sind dein von Anbeginn,
all zarte Zier.
Es gibt kein Gestern und kein Morgen.

Alles ist gut,
dein' Lieb' und Lebensglut
sind jetzt und hier
für alle Zeiten wohlgeborgen.

Glaubensbekenntnis

Ich sag nicht Gott, ich sag nicht Tao,
ich sage einfach Sonnenschein.
Und Donnerschlag und Himmelblau
und zärtlich Beieinandersein.

Ich brauche keine Konfession
und keine Philosopherei.
Ich brauche feuerroten Mohn
und wasserblaue Akelei.

Die Amsel hat den Regenwurm,
die Maus hat ihr Gemäuer.
Ich habe Sternenlicht und Sturm
und im Kamin ein Feuer.

Meine Zeit

Am Kirchturm oben stand's:

Herr, meine Zeit

steht in deinen Händen.

Da war mir plötzlich ganz

wie Ewigkeit –

Es gibt nur meine Zeit,

die ruht in sich und kann nicht enden.

Kleiner Vogel Poesie

Kleiner Vogel Poesie,
hüpfst in mir herum.
Kannst nicht sterben und nicht singen,
bist so schön und stumm.

Sängest Sehnsucht, sängest Liebe,
Seligkeit und Trauer.
Aber Dummheit und Verirrung
lasten schwer auf deinem Bauer.

Kleiner Vogel Poesie,
Welt ist wüst und leer.
Hast hier drinnen und da draußen
keine Heimat mehr.

Ist ein Mann gekommen,
hat dich weggenommen.
Herr des Himmels,
erbarm dich unser!

Ruf

Auf einmal stehst du still und hast ein Rauschen
in deinen Ohren wie von fernen Zügen,
und langsam schaust du auf zum Großen Wagen.

Es ist ja nichts, doch musst du lauschen
und dich der großen Stimme fügen
und leise Ja, ich komme sagen.

Sprachlos

Mein Mund ist tot,
was kann ich denn noch sagen?
Bin voller Blau und Rot,
hab Leben in mir und viel tiefe Träume –
und wende wie ein Tier
bald da, bald hier
mein Haupt, und meine Gesten ragen
versteinert stumm wie die zerstörten Bäume.
Die grimme Zeit hat mir das Maul verschlagen!

Nun sag, du Himmelherrgott, endlich an,
wie man statt Menschen mit geweihten Kerzen
nur lauter Huren greifen und noch leben kann,
das Ohr voll Kreischen und im Herzen Terzen?!

Wie leise die Zeit vergeht

Wie leise die Zeit vergeht,
wie der Regen flüstert in den Zweigen,
wie sich die Rosen zur Erde neigen,
wie der Wind durch die Halme weht –
wie leise die Zeit vergeht!

Wie leise dein Leid verweht,
wie die Stunden sich zu Tagen reihen,
wie dir die Jahre dein Unglück verzeihen,
wie leise dein Herzschlag geht –
wie leise dein Leid verweht...

Zuletzt

Ob ich dichte und singe
oder auch nicht –
die wirklichen Dinge
sind selbst schon Gedicht.

Ein Haiku in Ehren,
ein Fingerzeigen,
ein Lächeln vielleicht
und sonst lieber schweigen.